L'inconscient

lePetitPhilosophe.fr

Associez chaque citation à l'explication qui lui correspond.

Choisissez un sujet bac et construisez le plan de votre dissertation en y associant, si possible, certaines des citations et des explications reprises ci-dessus.

INTRODUCTION

La philosophie classique a défini l'inconscient de manière négative en l'assimilant à du **non-conscient**. L'inconscient était alors réduit à « ce qui n'est pas conscient ».

À partir du XVIIᵉ siècle, certains philosophes accordent cependant une existence relative à l'inconscient. Mais celui-ci continue malgré tout à être perçu comme ce qui n'est pas, pas encore ou plus du conscient, par défaut d'intensité, d'intérêt ou de sens.

Nietzsche est le premier penseur à remettre en question le statut privilégié de la conscience dans la vie psychique puisqu'il affirme l'existence d'une pensée inconsciente, faite d'instinct et de passions, qui gouverne la conscience. Mais c'est avec **la psychanalyse** que l'inconscient devient un concept défini positivement : il possède **une existence à part entière** dans le psychisme, et est animé par des lois et des mécanismes qui lui sont propres. La vie psychique comprendrait d'ailleurs davantage d'inconscient que de conscient.

Cette **mise en cause de la souveraineté du sujet** sur ses pensées par la psychanalyse engendre un problème éthique : en effet comment l'individu pourrait-il encore être moral et tenu pour responsable de ses actes s'il est gouverné par son inconscient ?

Niveaux de lecture :

*** : incontournable

** : à ne pas négliger

* : pour approfondir

APPROCHES DE LA NOTION

L'INCONSCIENT, UN CONCEPT PHILOSOPHIQUE

La conscience souveraine *

La tradition philosophique occidentale a pour noyau dur la célèbre maxime de **Socrate** (470-399 av. J.-C.) : **« Connais-toi toi-même »**, qui était placée sur le fronton du temple de la pythie de Delphes (prêtresse d'Apollon qui rendait les oracles à Delphes). Celle-ci enjoint les hommes à regarder en eux et à assumer la responsabilité de ce qu'ils sont, de ce qu'ils pensent et de ce qu'ils font, bref à avoir conscience d'eux-mêmes. « Connais-toi toi-même » était suivie de la mention : « et tu connaîtras l'univers et les dieux. » Ainsi, depuis l'Antiquité, la tradition a tendance à faire de la conscience la voie d'accès à la vérité et à la sagesse.

René Descartes (1596-1650) est l'héritier de cette tradition puisqu'il fait de **la conscience le fondement de toute connaissance**. En effet, l'homme peut douter de tout : de l'existence effective de son corps ou du monde autour de lui, mais pas de l'existence de sa pensée et donc du fait qu'il existe. Le cogito étant la seule certitude, il s'agit du point de départ de la connaissance.

> **BON À SAVOIR :**
>
> Le terme « **cogito** » renvoie à une expression latine de Descartes : *Cogito ergo sum*, « Je pense donc je suis ».

Le philosophe français établit un **dualisme radical entre le corps et l'esprit** :

- il y aurait d'un côté la pensée identifiée à la conscience, à savoir le cogito ;
- d'un autre, les mécanismes du corps.

Ce dualisme permet par exemple d'expliquer pourquoi le cœur bat sans que la conscience ne l'ait commandé : selon Descartes, pensée et corps sont clairement séparés. Ainsi, **la conscience règne en souveraine absolue sur la vie psychique** : Descartes refuse l'idée qu'elle puisse être soumise à des forces qu'elle ne peut contrôler. Par conséquent, il ne laisse aucune place à l'inconscient.

L'existence de petites perceptions inconscientes ***

La vie quotidienne et ses expériences prouvent pourtant le contraire : l'esprit influence les états du corps, ce qui signifie que les deux interagissent, et l'attention que nous portons à nous-mêmes et au monde connait différents degrés et même des passages à vide. La conscience ne peut tout englober ni tout maitriser. Elle n'est capable de percevoir qu'une partie de la réalité extérieure : nombre de phénomènes se produisent sans qu'elle en soit avisée. D'ailleurs, la plupart des processus physiologiques qui se déroulent dans le corps échappent à la conscience.

L'existence d'un inconscient est alors envisagée par **Gottfried Wilhelm Leibniz** (1646-1716) dans sa **théorie de la perception**.

Leibniz distingue :

- les **aperceptions** ou **perceptions réfléchies**, dont nous avons conscience ;
- les **petites perceptions**, dont nous n'avons pas conscience <u>(citation 1)</u>.

Il rompt avec Descartes en affirmant que **toute conscience est nécessairement sélective** : elle ne porte son attention que sur un centre d'intérêt précis durant un certain laps de temps, et non sur tout ce qui se situe en marge de ce centre. Il est donc possible de ne pas savoir que nous avons des perceptions :

- parce que nous sommes si habitués à certaines de ces perceptions que nous ne les percevons plus en propre ;
- parce que notre attention est tellement focalisée sur quelque chose qu'elle ne peut percevoir ce qui l'entoure. Il est nécessaire d'opérer sans cesse une sélection parmi les milliers de perceptions qui nous assaillent ;
- parce que certaines perceptions sont trop ténues pour parvenir à la conscience.

Cependant, certaines de ces perceptions trop diffuses ou trop infimes pour être perçues jouent un rôle dans la vie psychique. En effet, **la somme de plusieurs perceptions considérées ensemble laisse quelquefois des traces dans la constitution des représentations conscientes**. Par exemple, la perception du bruit de la mer n'est finalement que la résultante des sons imperceptibles émis par les millions de gouttes qui composent la vague : ce sont les mille petites perceptions non audibles individuellement qui contribuent à la perception de l'ensemble.

Ainsi, par opposition aux thèses cartésiennes, le psychisme n'est plus constitué uniquement par la conscience claire et transparente à elle-même. **La conscience est ici conçue comme un passage, un moment ou un degré**. Les petites perceptions, si petites qu'elles sont imperceptibles, peuvent déboucher sur des représentations conscientes. Ce qui implique donc qu'il y a une continuité entre :

- ce qui passe inaperçu, ce qui est inconscient,
- et ce qui est perçu, ce qui est conscient.

C'est pourquoi il semble plus juste de parler d'une différence de degré entre la conscience et l'inconscience plutôt que d'une différence de nature.

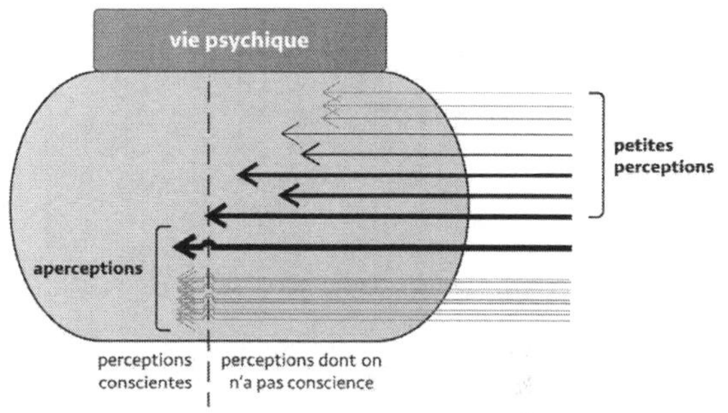

L'inconscient comme ignorance des causes *

Baruch Spinoza (1632-1677) rompt de même avec le dualisme de Descartes : il pense que **des phénomènes matériels ou physiques agissent sur la substance immatérielle** qu'est la conscience sans qu'elle en ait conscience. Par exemple, nous décidons de manger quand nous avons faim, mais nous ne décidons pas d'avoir faim. Ainsi, il est pour Spinoza illusoire de penser la conscience souveraine alors que bien souvent **les hommes ignorent ce qui les pousse à désirer et à agir**. En d'autres termes, ils sont conscients de leurs désirs, mais ils en ignorent les causes.

Le corps, grâce aux seules lois de la nature, accomplit de nombreuses actions qui étonnent son propre esprit. Il est donc absurde pour Spinoza de dire que telle ou telle action du corps provient de l'empire de l'esprit sur lui.

Il n'y a rien de négatif à concevoir une conscience qui ne

soit pas en permanence immédiate et lucide. En effet, cela permet à l'homme de se concentrer sur ce qui mérite réellement son attention, plutôt que sur des phénomènes comme la circulation de son sang, par exemple.

L'inconscient comme expression du corps **

Friedrich Nietzsche (1844-1900) réduit quant à lui la conscience à l'expression d'une pensée, d'un sentiment, d'une émotion ou d'une sensation. Toute conscience est alors corruptrice, falsificatrice et déformatrice. En effet, nos sentiments et nos pensées sont infiniment riches et leur extériorisation les appauvrit nécessairement. Par exemple, l'expression « Je t'aime » n'est que le reflet très pâle du sentiment multiple, insondable et infini ressenti réellement dans les profondeurs de l'être. Par conséquent, **la conscience n'est que superficielle et c'est en fait l'inconscient** (ce qui n'est pas exprimé ni mis en lumière par la conscience) **qui constitue la vraie réalité**.

Le philosophe applique également sa théorie dans **le domaine éthique** alors qu'on y a coutume de définir la valeur d'un acte par l'intention consciente qui l'a motivé. Il affirme au contraire que **la valeur d'une action vient de ce qu'elle a d'inconscient**. En effet, ce qu'on peut connaitre de l'intention d'une action, c'est-à-dire ce qu'on peut en savoir par la conscience, n'est que superficiel : l'intention n'est qu'un signe et un symptôme d'autre chose qu'il faut analyser et interpréter. Cette autre chose, c'est l'inconscient.

Nietzche distingue dès lors :

- **l'inconscient**, qu'il désigne également par le soi ou encore le corps, qui est **le maitre du moi** ;
- **le conscient**, autrement dit l'âme ou le moi, qui ne serait qu'**un instrument ou un reflet du corps**.

En somme, les éléments que fait apparaitre la conscience ne constituent qu'une partie extrêmement réduite de ce qui implique un acte : l'homme n'est pleinement conscient, lorsqu'il agit, que de ses motifs et de ses buts, mais les conditions de l'acte qu'il pose, son origine et son sens sont laissés dans l'ombre. Ainsi, tout acte présuppose un monde complexe et riche qui comprend un réseau de croyances, de valeurs, de significations et de relations entre les choses, un monde qui est laissé dans l'ombre et non exprimé par la conscience lors de l'acte. Ce monde est celui du corps, du soi ou de l'inconscient. Dans ce contexte, **l'inconscient (et son entrelacs de pulsions et d'instincts dictés par le corps) gouverne la volonté de l'individu**.

L'inconscient ou la mémoire pure ***

La conscience ne règne donc pas seule sur la vie psychique : elle est un phénomène étayé par autre chose. C'est dans ce cadre de pensée qu'**Henri Bergson** (1859-1941) a travaillé sur les notions de mémoire et de conscience.

Bergson distingue deux types de mémoire :

- **la mémoire-habitude**, requise dans le but de puiser des éléments du passé pour éclairer le présent. Elle est donc utile au présent. Les mécanismes du corps relèvent de la mémoire-habitude : par exemple, marcher s'apprend, mais devient ensuite un automatisme, et il en va de même pour jouer de la musique ;

- **la mémoire pure**, inutile à l'action présente, dont l'unique fonction est de sauvegarder et de rappeler des souvenirs. C'est une mémoire latente qui a enregistré l'intégralité de notre vie.

Les souvenirs de la mémoire pure ne s'imposent pas tout le temps à la conscience. Au contraire, ils **se trouvent la plupart du temps en arrière-plan de la conscience**, tant qu'on ne les rappelle pas. Cependant, la mémoire pure persiste indéfiniment : elle ne cesse jamais de consigner toutes nos perceptions, pensées et volontés : elle est comme un fidèle historique de notre âme (citation 3).

Les souvenirs conservés dans les obscures profondeurs de notre conscience sont pour Bergson à l'état de fantômes. Ils sont comme morts, ignorés par la conscience dans ses actions, mais pas disparus pour autant : ils errent dans les limbes de la conscience. En outre, ils gardent une emprise sur la conscience, comme les fantômes sur le monde des vivants.

Bergson pense que **ces souvenirs cherchent à accéder à la conscience** par déni de leur exclusion. Mais la conscience leur bloque le passage, soucieuse de ne pas être entravée dans ses activités conscientes : en effet, ces souvenirs sont souvent perturbants, car ils n'ont aucun lien avec le présent. Le philosophe, qui envisage le sommeil comme un état de repos de la conscience, estime par contre qu'à ce moment-là, celle-ci ne surveille plus la trappe qui maintient les souvenirs de la mémoire pure dans ses sous-sols. C'est alors que tous les fantômes refont surface dans les rêves. Cependant, dès le réveil, la conscience les congédie et nous n'avons bien souvent plus aucun souvenir de leur visite.

L'analyse bergsonienne des mécanismes de la mémoire démontre ainsi que **la conscience ne contrôle pas le psychisme dans son intégralité** puisqu'une partie de son contenu reste hors de sa portée, dans l'inconscient. Par ailleurs, la perception du rêve de Bergson annonce la théorie freudienne : le relâchement de la conscience pendant le sommeil ouvre la porte aux éléments refoulés de l'inconscient.

L'INCONSCIENT, UN CONCEPT SCIENTIFIQUE

La naissance de la psychanalyse ***

Si certains philosophes ont eu l'intuition de l'inconscient, c'est avec **Sigmund Freud** (1856-1939) que **l'inconscient devient un concept à part entière**. Pour Freud, il y aurait d'ailleurs dans la vie psychique davantage d'inconscience que de conscience (<u>citation 4</u>).

Il fait de l'inconscient une notion fondamentale de la psychologie : dès lors, il ne s'agit plus d'une notion philosophique liée aux sciences de l'homme, mais d'**un concept scientifique** appartenant aux sciences de la nature, à la science expérimentale. Ainsi, l'inconscient doit-il être étudié de manière théorique et scientifique. La pratique clinique de **la psychanalyse**, inventée par Freud et dont le but est d'en savoir davantage sur les maladies et les troubles psychiques, regroupés sous le terme d'hystérie dans la médecine de la fin du XIXᵉ siècle, constitue une part essentielle de cette démarche scientifique.

Freud porte son attention sur des symptômes tels que la paralysie ou les troubles de la parole, par exemple, qui sont incurables par la médecine traditionnelle quand ils ne sont liés à aucun dysfonctionnement organique. Ces symptômes seraient selon lui causés par des pulsions refoulées qu'il tente de percer à jour, dans un premier temps grâce à **l'hypnose**. Il découvre ainsi que, plongés dans un sommeil artificiel, les malades peuvent révéler des choses qu'ils ignorent à l'état conscient. C'est pour Freud la révélation de l'inconscient : **il y a en nous des données dont nous ne nous rappelons pas, mais qui agissent sur notre conscience**. À partir de là, le médecin élabore la psychanalyse.

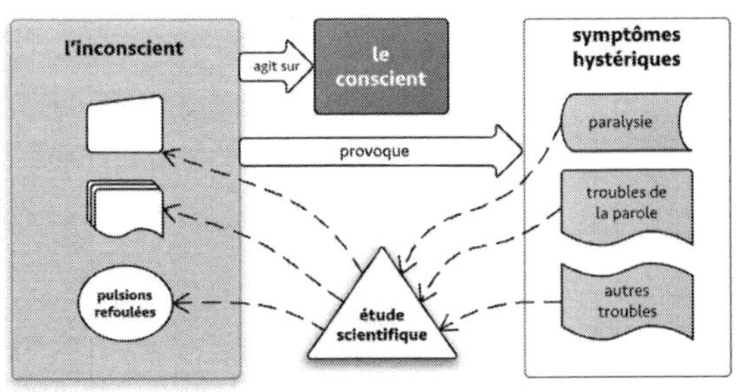

La géographie de l'appareil psychique **

Dans un premier temps, Freud distingue trois étages dans
le psychisme :

- **le conscient** ;
- **le préconscient**, qui est du conscient latent, comme un
  contenu statique susceptible de devenir conscient : il
  contient par exemple des souvenirs ou des connaissances
  anciennes qui peuvent à tout moment être réactualisés
  par la conscience ;
- **l'inconscient**, qui a ses propres lois de fonctionnement.
  Il est séparé du conscient et du préconscient par une
  force, la censure, qui s'oppose à l'avènement dans la
  conscience, et est le résultat d'un refoulement de la part
  du sujet : il contient donc des souvenirs refoulés.

Le conscient et le préconscient constituent, pour reprendre
l'image freudienne, la partie émergée de l'iceberg, tandis
que l'inconscient en est la partie immergée.

À partir de 1920, la théorie freudienne présente le sujet comme une unité composée de trois instances qui interagissent :

- **le Ça**, le lieu de l'inconscience et des pulsions, gouverné par la libido ou **principe de plaisir** ;
- **le Surmoi**, le lieu de l'intériorisation des interdits parentaux relayant les interdits sociaux. Il se construit dans la petite enfance et constitue **la conscience morale** de l'individu ;
- **le Moi**, autrement dit la conscience claire, qui sert de médiateur. Son rôle est de concilier les intérêts souvent contradictoires du Ça et du Surmoi, tout en tenant compte du monde extérieur. Le Moi est gouverné par le **principe de réalité**. L'autonomie du Moi est donc relative : il est loin d'être le seul à commander l'esprit.

Le mécanisme du refoulement ***

Dans ce contexte, **le refoulement est l'opération par laquelle le sujet maintient à distance des représentations qui lui sont désagréables** en raison de leur incompatibilité avec le Moi. Elles sont incompatibles, car contraires ou inadaptées aux exigences de la société et aux principes éducatifs reçus dans l'enfance.

Pour survivre, le sujet refoule, repousse dans son inconscient les représentations perturbantes. Ainsi, **l'inconscient est le lieu qui contient ces représentations refoulées**. Dans le cas d'un sujet atteint de troubles psychiques, celles-ci sont à l'origine de la maladie. La cure psychanalytique a dès lors pour but de libérer le malade du refoulé enfoui dans l'inconscient pour le faire émerger à la conscience et ainsi guérir le sujet.

L'inconscient ne se montre pas de lui-même, mais se manifeste de manière indirecte, notamment à travers **les rêves, les lapsus, les actes manqués ou les libres associations d'idées**. Ses manifestations doivent être décodées et interprétées par le travail de l'analyse qui consiste donc à mettre en évidence la signification inconsciente de certaines productions psychiques.

L'analyse du rêve, par exemple, permet de comprendre comment fonctionne l'appareil psychique. Freud établit un lien entre l'accomplissement des désirs présents dans le rêve et le phénomène de refoulement. Ainsi, le rêve n'est pas irrationnel : il est la réalisation plus ou moins masquée d'un désir refoulé, désir très souvent lié à l'enfance du rêveur (citation 5).

Selon Freud, l'inconscient ne doit pas être perçu comme une force obscure qui nous gouverne et aliène irrémédiablement la conscience, puisque grâce à la cure analytique qui décode le sens des productions inconscientes, le patient peut reprendre la maitrise de son inconscient.

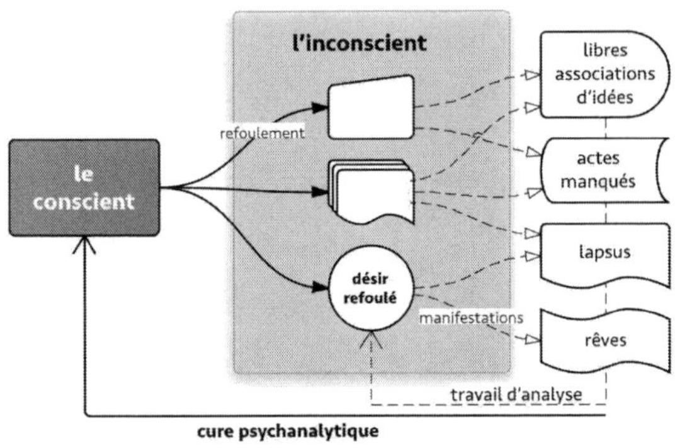

LA CRITIQUE DE L'INCONSCIENT FREUDIEN

La contestation du caractère scientifique des théories freudiennes *

L'exactitude scientifique des théories freudiennes a été contestée pour plusieurs raisons :

- l'expérience psychanalytique n'est pas assimilable à l'expérimentation reproductible caractéristique des sciences de la nature parce qu'un cas est toujours unique ;
- l'objectivité scientifique n'est pas assurée puisque la subjectivité du psychanalyste joue un rôle essentiel ;
- la psychanalyse pose que tout comportement humain peut être interprété à partir de l'hypothèse de l'inconscient. Or le postulat d'irréfutabilité de cette hypothèse est contraire aux sciences naturelles. En

effet, celles-ci doivent toujours être aptes à énoncer dans quelles conditions elles seraient tenues pour fausses.

Selon ses détracteurs, les théories de Freud ne pourraient donc pas être considérées comme scientifiquement exactes, ce qui ne les empêche toutefois pas de comporter une certaine vérité.

Le pouvoir de l'inconscient comme danger éthique **

Se situant à nouveau sur un plan philosophique et dans la lignée de Descartes, nombre de voix se sont élevées contre ce concept scientifique d'inconscient dérobant à la conscience son primat absolu sur le psychisme. Les raisons de cette opposition sont avant tout éthiques, morales.

Alain (1868-1951) postule la moralité de la conscience. Selon lui, elle a le pouvoir de se prendre elle-même comme sujet de réflexion et de se constituer juge d'elle-même. Cela implique qu'elle permet à l'homme de se connaitre et de prendre le recul nécessaire sur lui-même. Ainsi, **la conscience est infaillible pour déterminer le bien et le mal**. Il n'est guère besoin de s'en remettre aux préjugés et aux opinions des autres. Ce serait au contraire faire preuve d'immoralité que de refuser de se penser soi-même, par paresse ou par lâcheté.

Ainsi, Alain fonde la moralité dans la responsabilité du sujet interrogeant sa conscience morale. Se prendre pour objet de réflexion est à la fois un droit et un devoir pour l'homme, c'est une exigence qui lui confère sa respectabilité.

Par conséquent, selon Alain, assoir le pouvoir de l'inconscient sur l'homme le dépossède de sa conscience et donc de sa dignité. Autrement dit, **rapporter toutes les conduites humaines à l'expression d'un inconscient caché ruine le sujet en tant que sujet moral** et représente dès lors un danger éthique. Alain ne nie pas l'existence d'un inconscient sous la forme de la partie animale et instinctive de l'homme, mais il refuse de concevoir un inconscient qui serait maitre du sujet et accroitrait de ce fait son irresponsabilité (citation 6).

L'inconscient ou la mauvaise foi ***

Jean-Paul Sartre (1905-1980) ne peut, lui non plus, concevoir un inconscient maitre de nos actes et de nos choix. Il refuse que l'on attribue les agissements des hommes à leur inconscient dans le sens où cela leur ôte toute responsabilité et toute liberté. Il cherche au contraire à **sauver la liberté souveraine de la conscience**.

Sartre émet les critiques suivantes à l'encontre du freudisme :

- **on ne peut concevoir une conscience qui ignore ce qu'elle refoule** soi-disant dans l'inconscient, car l'acte de refouler présuppose un certain savoir ou une représentation du refoulé : si la conscience rejette une tendance, c'est forcément qu'elle en a connaissance. La conscience ne peut donc qu'être transparente à elle-même (citation 7) ;
- **Freud a brisé l'unité du cogito et donc dénaturé l'homme**. Briser l'unité du psychisme humain lui a

permis de faire triompher le point de vue d'autrui dans la connaissance de soi. En effet, seul le psychanalyste est apte à me révéler à moi, car il est le médiateur entre les différents aspects du moi ;

- **l'inconscient freudien n'est pas, seule existe une conscience de mauvaise foi**, qui se ment à elle-même en dissimulant des tendances. La conscience peut se laisser prendre à ses propres mensonges pour se cacher du vrai et se délivrer du fardeau angoissant qu'est la liberté, liberté qui commande la responsabilité absolue de l'homme envers ses actes.

EN RÉSUMÉ

La tradition philosophique occidentale nie l'inconscient en plaçant la conscience au centre de la vie psychique. **Descartes** accentue encore cette souveraineté de la conscience en introduisant un dualisme radical entre le corps et l'esprit.

La conception cartésienne de la conscience ébranle le sens commun. En effet, l'expérience quotidienne démontre que la conscience ne peut percevoir qu'une faible partie de la réalité extérieure. C'est pourquoi **Leibniz** introduit les petites perceptions comme représentations inconscientes jouant un rôle dans la perception.

Nietzsche désacralise encore davantage la conscience en la réduisant à l'expression des pulsions et des instincts du corps. En somme, la conscience est soumise à l'inconscient, lieu de ces pulsions.

Se rapprochant des conceptions psychanalytiques, **Bergson** envisage l'inconscient comme mémoire pure dont le contenu, inutile au présent, ne peut se manifester, si ce n'est dans les rêves, lorsque la conscience relâche son emprise.

Freud, fondateur de la psychanalyse, établit scientifiquement l'inconscient comme le lieu des représentations refoulées par la conscience. Le refoulement a lieu lorsque des représentations sont incompatibles avec les lois qu'enseigne la société. Le travail analytique consiste à interpréter les manifestations de l'inconscient en vue de libérer le moi.

L'empire de l'inconscient mis en place par la psychanalyse est perçu comme un problème éthique : si l'inconscient est maitre de nos actes et de nos choix, le sujet devient irresponsable. **Alain** reproche ainsi au freudisme de ruiner le sujet moral, alors que **Sartre** voit dans l'inconscient une excuse mise en place en vue de se débarrasser du poids de la liberté.

Votre avis nous intéresse !
Laissez un commentaire sur le site de votre librairie en ligne
et partagez vos coups de cœur sur les réseaux sociaux !

POUR ALLER PLUS LOIN

- ALAIN, *Éléments de philosophie*, Paris, Gallimard, 2001.
- BERGSON (Henri), *L'Énergie spirituelle*, Paris, PUF, 2009.
- BERGSON (Henri), *L'Évolution créatrice*, Paris, PUF, 2007.
- BERGSON (Henri), *Matière et Mémoire*, Paris, PUF, 2012.
- CLÉMENT (Élisabeth) *et alii*, *La Philosophie de A à Z*, Paris, Hatier, 2000.
- DESCARTES (René), *Discours de la méthode*, Paris, Agora, 1990.
- DESCARTES (René), *Les Méditations métaphysiques*, Paris, Flammarion, 2009.
- FREUD (Sigmund), *Cinq leçons sur la psychanalyse*, traduction d'Yves Le Lay et de Samuel Jankélévitch, Paris, Payot, 2001.
- FREUD (Sigmund), *Introduction à la psychanalyse*, traduction de Samuel Jankélévitch Paris, Payot, 1979.
- FREUD (Sigmund), *L'Interprétation des rêves*, traduction d'Ignace Meyerson, Paris, PUF, 1999.
- FREUD (Sigmund), *Psychopathologie de la vie quotidienne*, Paris, Payot, 2004.
- LEIBNIZ (Gottfried Wilhelm), *Nouveaux Essais sur l'entendement humain*, Paris, GF-Flammarion, 1966.
- NIETZSCHE (Friedrich), *La Volonté de puissance*, traduction de Geneviève Bianquis, Paris, volumes 1 et 2, 1995.
- NIETZSCHE (Friedrich), *Le Gai Savoir*, traduction de Pierre Klossowski, Paris, Gallimard, 1989.
- SARTRE (Jean-Paul), *L'Être et Le Néant*, Paris, Gallimard, 1982.
- SARTRE (Jean-Paul), *L'Existentialisme est un humanisme*,

Paris, Gallimard, 1996.

- SCHOPENHAUER (Arthur), *Le Monde comme volonté et comme représentation*, traduction d'Auguste Burdeau, Paris, PUF, 1966.
- SPINOZA (Baruch), *Éthique*, traduction de Charles Appuhn, Paris, GF-Flammarion, 1993.

TESTEZ VOS CONNAISSANCES !

ASSOCIEZ CHAQUE CITATION À L'EXPLICATION QUI LUI CORRESPOND.

- **Citation 1 :** « [...] il y a mille marques qui font juger qu'il y a à tout moment une infinité de perceptions en nous, mais sans aperception et sans réflexion, c'est-à-dire des changements dans l'âme même dont nous ne nous apercevons pas [...]. » (LEIBNIZ [Gottfried Wilhelm], *Nouveaux Essais sur l'entendement humain*, Paris, GF-Flammarion, 1966, p. 38)
- **Citation 2 :** « [...] la pensée qui devient consciente ne représente que la partie la plus infime, disons la plus superficielle, la plus médiocre, de tout ce qu'il pense, car il n'y a que cette pensée qui s'exprime en paroles, [...] ce qui révèle l'origine même de la conscience. » (NIETZSCHE [Friedrich], *Le Gai Savoir*, Paris, Gallimard, 1989)
- **Citation 3 :** « Derrière les souvenirs qui viennent se poser ainsi sur notre occupation présente et se révéler au moyen d'elle, il y en a d'autres, des milliers et des milliers d'autres, en bas, au-dessous de la scène illuminée par la conscience. » (BERGSON [Henri], *L'Énergie spirituelle*, Paris, PUF, 2009)
- **Citation 4 :** « Pour bien comprendre la vie psychique, il est indispensable de cesser de surestimer la conscience. Il faut [...] voir dans l'inconscient le fond de toute vie psychique. » (FREUD [Sigmund], *L'Interprétation des rêves*, Paris, PUF, 1999, p. 519)
- **Citation 5 :** « [...] l'interprétation des rêves [...] conduit à découvrir les désirs cachés et refoulés, ainsi que les

complexes qu'ils [les malades] entretiennent. » (FREUD [Sigmund], *Cinq leçons sur la psychanalyse*, Paris, Payot, 2001, p. 39)

- **Citation 6 :** « [...] il faut éviter ici plusieurs erreurs que fonde le terme d'inconscient. La plus grave de ces erreurs est de croire que l'inconscient est un autre moi ; un moi qui a ses préjugés, ses passions, et ses ruses, une sorte de mauvais ange, diabolique conseiller. » (ALAIN, *Éléments de philosophie*, Paris, Gallimard, 2001)
- **Citation 7 :** « La censure, pour appliquer son activité avec discernement, doit connaître ce qu'elle refoule. » (SARTRE [Jean-Paul], *L'Être et Le Néant*, Paris, Gallimard, 1982, p. 18)
- **Explication a :** les rêves, tout comme les actes manqués ou les lapsus, ont un sens : ils dévoilent les contenus refoulés de l'inconscient.
- **Explication b :** la conscience ne peut qu'être transparente à elle-même. En effet, comment pourrait-elle refouler des désirs sans s'être représentée ceux-ci au préalable ?
- **Explication c :** la mémoire pure comprend des milliers de souvenirs qui ne se manifestent pas au présent à la conscience et qui attendent l'occasion de se montrer, lors des rêves par exemple.
- **Explication d :** la conscience ne peut porter son attention que sur un nombre limité de perceptions. Il y en a donc des milliers d'autres qui lui échappent.
- **Explication e :** la psychanalyse n'est pas castratrice de la liberté du sujet puisqu'elle a pour dessein de libérer son âme par le biais de la cure analytique.
- **Explication f :** l'inconscient ne gouverne pas la conscience. Il ne revient qu'à elle de décider de ses actes

et de ses choix.

- **Explication g :** les actes du corps ont une indépendance vis-à-vis de l'esprit puisqu'il est de nombreux actes du corps que l'esprit ne commande pas.
- **Explication h :** l'homme n'est pas gouverné par son inconscient, qui constituerait un autre moi, car cela reviendrait à lui ôter toute conscience morale.
- **Explication i :** il y a dans l'appareil psychique davantage d'inconscient que de conscience.
- **Explication j :** la conscience est une partie infime du psychisme de l'homme. Elle ne consiste qu'en les signes de la communication qui permettent à l'homme de communiquer à ses semblables les besoins qui lui sont dictés par ses instincts, et donc par son inconscient.

CHOISISSEZ UN SUJET BAC ET CONSTRUISEZ LE PLAN DE VOTRE DISSERTATION EN Y ASSOCIANT, SI POSSIBLE, CERTAINES DES CITATIONS ET DES EXPLICATIONS REPRISES CI-DESSUS.

- La notion d'inconscient psychique est-elle contradictoire ? (bac L 2004) ?
- L'idée d'inconscient est-elle incompatible avec celle de la liberté ?
- L'inconscient représente-t-il est un degré inférieur dans la conscience ?
- Que remet en cause l'inconscient dans la conception philosophique de l'homme ?
- Qu'est-ce que le rêve pour l'inconscient ?

- En quoi Bergson s'est-il rapproché de la conception freudienne de l'inconscient ?
- La psychanalyse est-elle une science ?
- L'inconscient peut-il être défini comme l'animalité de l'homme ?
- Y-a-t-il en l'homme de l'inconnaissable ?
- Selon Alain, l'inconscient est une idolâtrie du corps. Qu'en pensez-vous ?

Rendez-vous sur lepetitphilosophe.fr et découvrez :

Plus de 1200 analyses
Claires et synthétiques
Téléchargeables en 30 secondes
À imprimer chez soi

www.lepetitphilosophe.fr

ISBN version numérique : 978-2-8062-4455-0
ISBN version papier : 978-2-8062-4433-8
Dépôt légal : D/2017/12603/585

Schémas réalisés par Alberto Molina Pérez,
doctorant en philosophie des sciences
(Université Paris I-Panthéon-Sorbonne)

Conception numérique : Primento,
le partenaire numérique des éditeurs.